Bibliografische Information der Deutschen Nationalbibliothek:

Die Deutsche Bibliothek verzeichnet diese Publikation in der Deutschen National-
bibliografie; detaillierte bibliografische Daten sind im Internet über http://dnb.d-
nb.de/ abrufbar.

Impressum:

Copyright © 2016 GRIN Verlag, Open Publishing GmbH
Druck und Bindung: Books on Demand GmbH, Norderstedt Germany
ISBN: 9783668313880

Dieses Buch bei GRIN:

http://www.grin.com/de/e-book/341633/sozialisation-im-diskurs-deutscher-sozial-
politik-und-sozialrecht

Renate Dertinger

Sozialisation im Diskurs deutscher Sozialpolitik und Sozialrecht

Menschen mit psychischer Erkrankung

GRIN Verlag

GRIN - Your knowledge has value

Der GRIN Verlag publiziert seit 1998 wissenschaftliche Arbeiten von Studenten, Hochschullehrern und anderen Akademikern als eBook und gedrucktes Buch. Die Verlagswebsite www.grin.com ist die ideale Plattform zur Veröffentlichung von Hausarbeiten, Abschlussarbeiten, wissenschaftlichen Aufsätzen, Dissertationen und Fachbüchern.

Besuchen Sie uns im Internet:

http://www.grin.com/

http://www.facebook.com/grincom

http://www.twitter.com/grin_com

Inhaltsverzeichnis

Abkürzungsverzeichnis

Positionspapier	PP
Studie zur Gesundheit Erwachsener (RKI)	DEGS
Robert Koch Institut	RKI
Wissenschaftliches Institut der AOK	WidO
Bundesministerium für Gesundheit	BMG
Weltgesundheitsorganisation	WHO
Menschen mit psychischer Erkrankung	M.m.p.E.
UN-Behindertenrechtskonvention	UN-BRK
Menschen mit Behinderung	M.m.B.
Deutsche Rentenversicherung	DRV
Wirtschaftliches Institut der AOK	WIdO
Allgemeine Ortskrankenkasse	AOK
International Statistical Classification of Diseases	ICD-10
Diagnostical Statistical Manual	DSM-V
Deutsche Gesellschaft für Psychiatrie und Psychotherapie, Bundesarbeitsgemeinschaft der Integrationsämter & Hauptfürsorgestellen	BIH
Landschaftsverband Rheinland (Körperschaft des öffentlichen Rechts)	LVR
ZB Zeitschrift der Integrationsämter Behinderung & Beruf	ZB
Bundeszentrale für gesundheitliche Aufklärung	BZgA
Psychosomatik und Nervenheilkunde	DGPPN
Gemeinsamer Bundesausschuss als oberstes Beschlussgremium der gemeinsamen Selbstverwaltung von Ärzten, Zahnärzten, Psychotherapeuten, Krankenhäusern und Krankenkassen in Deutschland	G-BA
Psychiatrie Personalverordnung	Psych-PV
Das Bündnis für psychisch kranke Menschen	BASTA

World Psychiatric Association	WPA
Bundesministerium für Arbeit und Soziales	BMAS
Soziales Gesetzbuch	SGB
Bundesrepublik Deutschland	BRD
Rehabilitation	Reha
Arbeitnehmer	AN
Arbeitgeber	AG
Schwerbehindertenvertretung	SBV
Schwerbehindertenausweis	SBA
Landkreis Göppingen	LkG

1. Einleitung

In Anbetracht der statistisch erfassten Zahlen von Menschen mit psychischer Erkrankung befasse ich mich mit einem hoch aktuellen Themenkomplex, wie dies beispielhaft aus dem Positionspapier der DRV (Deutschen Rentenversicherung) hervorgeht (PP DRV, 2014, S.7). Laut dieser Studie sind 43% der deutschen Bevölkerung in irgendeinem Lebensabschnitt von einer psychischen Erkrankung betroffen. Depressionen sowie Angststörungen werden am häufigsten genannt. Die Geschlechterverteilung ist auffallend, da Frauen deutlich häufiger betroffen sind als Männer. Verzeichnet werden, laut der in der Studie verwendeten Angaben der Krankenkassen, 259 Arbeitsausfalltage bei den Frauen und 156 bei den Männern, jeweils pro 100 Versicherte. Somit bilden psychische Erkrankungen die zweithäufigste Ursache für Arbeitsunfähigkeit. Bei der erfassten Personengruppe handelt es sich um die mittlere Altersgruppe. Auffallend ist auch, dass die im Jahr 2012 für diese Erkrankungsgruppe erfassten Fehlzeiten mit 33 Tagen doppelt so lang andauerten als für andere Erkrankungen. Im Fehlzeiten-Report des wissenschaftlichen Instituts der AOK wird verdeutlicht, dass die Fälle von Arbeitsunfähigkeit von 1994 bis 2012 um 120% angestiegen sind. Eine weitere Auswirkung ist bei der Erwerbsminderungsrente zu verzeichnen. Hierbei werden vor allem Menschen erfasst, welche „affektive, neurotische Belastungs- und Anpassungsstörungen" haben. Da diese Personengruppe den größten Anteil bei der Erwerbsminderungsrente ausmachen. Im Jahr 2012 kam es zu 37% Berentungen aufgrund von verminderter Erwerbsfähigkeit (PP DRV, 2014, S.7-9). [1] Bei den daraus hervorgehenden Reha-Leistungen fällt erneut ein deutlicher Unterschied bei Männern und Frauen auf. Bezogen auf das Jahr 2012 waren es bei den Frauen 5,5 von 1000 und bei den Männern 2,7 von 1000, welche bewilligte Reha-Leistungen in Anspruch genommen haben (ebd., S.13).

Nicht zu vergessen sind die komorbiden psychischen Störungen, davon sind die Menschen betroffen, die an einer körperlichen Erkrankung leiden, zu welcher eine psychische Störung hinzu kommt. Handelt es sich um eine chronische (länger als sechs Monate andauernd) Krankheit, tritt die psychische Störung doppelt so häufig auf als bei körperlich gesunden Menschen. Die Kombination aus körperlicher und psychischer Erkrankung ist häufig die Grundlage für chronische Verläufe. Diese setzen wiederum die Motivation für eine Behandlung herab und erhöhen einerseits die Empfindlichkeiten für weitere Erkrankungen, andererseits erhöhen sie die Sterblichkeit. Dieser Kreislauf erhöht die Kosten innerhalb der Vorsorgesysteme (ebd., S.11).

---

[1] Alle im Positionspapier der DRV zusammengefassten Quellen befinden sich detailliert im Literaturverzeichnis.

Trotz der hohen, statistisch gestiegenen Zahlen sind sich die Experten einig, dass die psychischen Erkrankungen nicht gestiegen, sondern seit Jahrzehnten stabil geblieben sind. Verändert hat sich lediglich der Umgang in Form einer höheren Sensibilität und Offenheit, bei Ärzten wie Betroffenen. Die Zahlen seien erhöht, da es einfacher geworden sei, öffentlich zu bekennen, dass man psychisch erkrankt sei (ebd., S. 9).

Besonders erleichternd scheint das Zugeben einer psychischen Erkrankung mit der oft selbst gewählten Diagnose „Burnout". Obwohl dieser Begriff im Diagnosemanual des ICD-10 nur als Z-Diagnose[2] aufgeführt wird, führt er in der Gesellschaft zu einer hohen Akzeptanz. Über diese Begriffsdefinition ist es den Betroffen leichter möglich zuzugeben, dass sie müde, erschöpft und überfordert sind (ebd., S.12).

Mit Blick darauf, dass sich alle aufgeführten Inhalte auf Deutschland beziehen und dieser ein Sozialstaat (Dietz, Frevel und Toens, 2015, S.11) ist, hat dies auch zur Folge, dass die Allgemeinheit für die erheblichen Kosten, welche durch M.m.p.E. (Menschen mit psychischer Erkrankung) und deren Versorgung entstehen, aufkommen muss. Somit wirkt sich eine psychische Erkrankung nicht nur auf Einzelne, sondern auf die Gesamtbevölkerung aus.

In Anbetracht der bisher aufgeführten Fakten und Daten, bilden psychische Erkrankungen aufgrund ihrer Häufigkeit und Vielfältigkeit sowie den Ausprägungen und variierenden Verläufen mit nachhaltigen Auswirkungen auf den Sozialstaat, ein Themengebiet, mit dem ich mich gerne in dieser Hausarbeit beschäftigen möchte.

1.1 Themenwahl und Begrenzung

Um eine überschaubare und schlüssige Erarbeitung innerhalb eines sehr großen Themengebietes zu gewährleisten, konzentriere ich mich in meiner nachfolgenden Hausarbeit auf die Fragen der sozialgesellschaftlichen, sozial- und gesundheitspolitischen sowie der sozialrechtlichen Dimensionen von betroffenen Menschen mit psychischer Erkrankung. Alle drei Themen sind inhaltlich aufeinander bezogen und durchdringen sich wechselseitig.

Hierbei leiten mich im Besonderen die Fragen: 1.Inwiefern psychisch kranke Menschen von sozialer Ungleichheit betroffen sind? 2. Welche Antworten die Sozialpolitik darauf findet? Und 3. wie diese im Sozialrecht verankert sind?

---

[2] Unter einer Z-Diagnose (ICD-10 Kapitel 11) wird aufgeführt, welche Symptome den Gesundheitszustand beeinflussen und in Folge zur Nutzung des Gesundheitswesens führen.

Außer Acht lassen werde ich aufgrund der inhaltlichen Fülle, psychologische Beschreibungen, Deutungen und Auswirkungen von Krankheitsbildern, wie sie auch in der ICD-10-Klassifikation psychischer Störungen zu finden sind. Das ICD-10 ist ein Klassifizierungssystem der WHO (Weltgesundheitsorganisation) mit internationaler Gültigkeit (Metzler, 2011, S. 103).

Eine weitere Eingrenzung nehme ich vor, indem ich mich in meinen Ausführungen auf erwachsene Menschen mittleren Alters beziehen werde, ohne Berücksichtigung der Kinder und Jugendlichen, Familien sowie Menschen ab dem Rentenalter. Alle genannten Personen können ebenso von psychischen Erkrankungen und deren Konsequenzen in ganz unterschiedlichen Kontexten betroffen sein.

An dieser Stelle möchte ich ebenfalls betonen, dass die Formen, Ausprägungen, Verläufe und Behandlungsmethoden inklusive präventiver Maßnahmen sehr unterschiedlich sein können und insofern keine Erarbeitung in dieser Hausarbeit möglich ist, sondern als Ziel ein grober, allgemein gefasster Überblick im Vordergrund steht.

Inhaltlich stütze ich mich bei meinen Ausführungen auf soziologische, sozialpolitische und sozialrechtliche Fachliteratur. Ergänzt wird die Darstellung durch Studien und Artikel, welche ich zumeist dem Internet entnommen habe.

Das Positionspapier der DRV beziehe ich mehrfach mit ein, da dort, gut zusammengefasst, die aktuellsten Zahlen der darin aufgeführten Studien verwendet wurden. Bei Dörner habe ich einen guten Überblick der Entwicklungsgeschichte als auch Gedanken zur Zukunftsgestaltung gefunden. Charlotte Jurks kritische Gedanken aus dem Blickwinkel der Psychologie gehörten für mich thematisch unabdingbar hinzu. Goffmann bot mir eine umfassende Auseinandersetzung mit dem Thema Stigmatisierung und Diskriminierung. Mit weiteren Artikeln welche von Ämtern und Behörden sowie der Zeitung veröffentlicht wurden, konnte ich genannte Aspekte schlüssig ergänzen.

1.2 Strukturgebung

Zu Beginn meiner Hausarbeit verwende ich vorwiegend Daten und Zahlen, um die Aktualität meines Themas zu belegen. Zur besseren Verständlichkeit werde ich mich daran anschließend um die Annäherung wesentlicher Begriffe bemühen. Im Anschluss daran beschäftige ich mich mit den drei inhaltlich knapp gefassten Themengebiete der Sozialgesellschaft, der Sozialpolitik und dem Sozialrecht.

Bei der Beschäftigung mit der Sozialgesellschaft wird eine weitere Begriffsannäherung nötig, um den Kernbereich der sozialen Ungleichheit herausarbeiten zu können. Anhand einiger Beispiele werde ich Einblicke geben, ob und inwiefern M.m.p.E. und Behinderung soziale Ungleichheit widerfährt. Im Anschluss wird es darum gehen, welchen Einfluss die Gesellschaft mit den Mitteln der Politik auf meine Schwerpunktgruppe hat. Hierbei verwende ich eine knappen geschichtlichen Abriss um diesen mit aktuellen Einschätzungen zu vergleichen. Im Nachfolgenden werde ich die rechtlichen Regelungen anhand des SGB IX (Sozialgesetzbuch) aufgreifen, um darzulegen, welche politischen Maßnahmen gesetzlich verankert wurden. In einer sehr knappen Zusammenfassung werde ich daran anschließend die sich aus dem Verlauf ergebenden Handlungsfelder der Sozialen Arbeit für M.m.p.E. und Behinderung aufgreifen. Abschließend wird es darum gehen, mein Fazit aus dem erarbeiteten Wissen zu ziehen.

1.3 Gesundheit & Psychische Erkrankung

Bevor es um die Auseinandersetzung mit Erkrankung geht, möchte ich mich gerne damit

befassen, wie Gesundheit beschrieben wird. Hierzu werde ich mich auf die WHO beziehen. Die WHO ist eine Sonderorganisation der vereinten Nationen, welche 194 Mitgliedstaaten umfasst und ihren Sitz in Genf hat. Da ihr die Aufgabe obliegt Krankheiten zu bekämpfen und die Gesundheit zu fördern, hat sie sich damit befasst, wie Gesundheit beschrieben werden kann (Spatz, 2011, S. 972).

Aus der Verfassung der WHO möchte ich folgenden Teil als Zitat heranziehen:

„Die Gesundheit ist ein Zustand des vollständigen körperlichen, geistigen und sozialen Wohlergehens und nicht nur das Fehlen von Krankheit oder Gebrechen. Der Besitz des bestmöglichen Gesundheitszustandes bildet eines der Grundrechte jedes menschlichen Wesens, ohne Unterschied der Rasse, der Religion, der politischen Anschauung und der wirtschaftlichen oder sozialen Stellung" (WHO, 2014, S.1)

Wie dem Gesundheitsbegriff der WHO im zweiten Satz zu entnehmen ist, werden verschiedenen Kategorien wie „Rasse, Religion, politische Anschauung sowie wirtschaftliche oder soziale Stellung" benannt. Diese stehen in Wechselwirkung miteinander und beeinflussen sich gegenseitig (ebd.).

Zeitlich gesehen, ist die Verwendung der Begrifflichkeit „Krankheit der Psyche" noch relativ jung. Der Jurist Torben Götz schreibt in seiner Dissertation, dass noch im 19. Jahrhundert von „Geisteskrankheit" und „Geistesschwäche" die Rede war. Erst im Jahr

1992 zog der Begriff der „psychischen Erkrankung" ins BGB (Bürgerliches Gesetzbuch) ein (Götz, 2012, S.21/22).

Im Jahr 1996 wurde der Begriff „Krankheit" durch den Begriff „Störung" ersetzt. (Jurk, 2014, S.151). In der Literatur der letzten drei Jahre wird der Begriff Krankheit häufig durch Störung ersetzt oder die Begriffe werden ergänzend verwendet. Im Positionspapier der DRV wird die Verwendung des Begriffes Störung wie folgt begründet: „...weil sie noch offen lässt, ob es sich um eine Krankheit im engeren Sinne oder eher um eine ausgeprägte psychische Belastung handelt" (PP DRV, S.7).

Es gibt viele psychische Erkrankungen, welche in ihrer Form und ihrem Auftreten einen deutlich längeren Zeitraum überspannen, als bei den am häufigsten z.b. von der DRV statistisch erfassten Angststörungen und Depressionen. Mit der Dauer der Krankheit verändert sich die Begriffsbestimmung.

Sind Menschen in ihrer Funktion, bezogen auf ihre körperliche, geistige oder seelische Gesundheit, voraussichtlich länger als sechs Monate so stark beeinträchtigt, dass sie vom üblichen Zustand, welcher ihrem Lebensalter entspräche, abweichen und aus diesem Grund nicht mehr adäquat am gesellschaftlichen Leben teilnehmen können, spricht der Gesetzgeber von einer *Behinderung*. Hierzu zählen auch die Personen, bei welchen eine Beeinträchtigung zu erwarten ist und sie somit von Behinderung bedroht sind. (§2, Abs.1, SGB IX §§) Im Verlauf meiner Hausarbeit werde ich M.m.p.E. und Behinderung immer wieder gemeinsam nennen, da die soziologische, politische und rechtliche Betrachtung beider Erkrankungsstadien ineinander fließen. In der UN-BRK Art. 1(UN-Behindertenrechtskonvention), werden M.m.p.E. und M.m.B. (Menschen mit Behinderung) dem Gesetz nach gemeinsam eingeordnet (Borstel und Tappe, 2014, S. 31).

Der deutsche Mediziner und Psychiater Klaus Dörner nennt in seinem Buch „Irren ist menschlich" als Diagnosegrundlage für eine psychische Erkrankung, ein fehlerhaftes Verhalten beim Betroffenen sich selbst, den eigenen Gefühlen als auch in Beziehung Anderen gegenüber. Menschen mit diesem Verhalten werden auch als verrückt, abweichend und irre bezeichnet (Dörner et al., 2012, S. 36/37).

8

2. Werden Menschen mit psychischer Erkrankung sozial benachteiligt?

In das Thema der sozialen Ungleichheit möchte ich mit dem französischen Soziologen Bourdieu einsteigen. Bourdieu hat empirisch erforscht, wie Gesellschaft Erkenntnis von Normalität entwickelt und diese Erkenntnisse 1987 in seinem Buch „Der feine Unterschied" publiziert.

Damit Menschen als irre, verrückt und abweichend wahrgenommen werden können, bedarf es zuvor einer übereinstimmenden Sicht bezogen auf Normierung, an welcher Abweichung erkannt werden kann. Er schreibt, dass die Gesellschaft ihre sozialen Strukturen inkorporiert. Dies bedeutet, dass Werte und Normen von der Gesellschaft selbst definiert und festgelegt werden. Diese wiederum finden durch die beständige Reproduktion, also einer wechselseitigen Wiederholung von Inhalten, eine so breite Übereinstimmung in der Gesellschaft, dass diese in Folge das Gefühl hat, dass ihre Überzeugungen und Einstellungen schon immer da gewesen und somit richtig seien. Als wäre auf diese Weise eine allgemeingültige Wahrheit, wie Normalität festzulegen ist, geschaffen worden. Schlussendlich führen diese Vorgänge der Normierung, zu sozialer Ungleichheit. Denn wo es Normalität gibt, gibt es auch Abnormität (Bourdieu, 1987, S.730).

Schweitzer und Schlippe haben sich 2007, zwanzig Jahre später, in derselben Weise geäußert. Sie schreiben, dass die Frage, welcher Person die Störung in deren Problemsystem als Krankheit zugeschrieben wird, häufig zuerst einer sozialen Aushandlung bedarf. Krankheiten seien somit unter anderem als soziale Konstruktion zu verstehen, was bedeutet, dass die Gesellschaft darüber entscheidet, was als krank bezeichnet werden sollte und was nicht (Schweitzer & Schlippe, 2009, S.17).

Dörner schrieb 2012, dass das Fehlverhalten eines Menschen nicht isoliert betrachtet werden soll, sondern im Bezug zum Gesamtkontext des Lebensumfeldes des Betroffenen gesehen werden sollte (Dörner, 2012, S.37). Die zwei letztgenannten Beiträge verdeutlichen eine Entwicklung, welche in ihrer Betrachtung den/die Betroffene(n), in den Bezug seiner/ihrer umfassenderen System- und Lebensweltbetrachtung einbetten. Unabhängig davon, bleibt die Abweichung der M.m.p.E. von der Norm bestehen.

2.1 Stigma und Stigmatisierung

Menschen mit psychischer Erkrankung gehören zu einer Personengruppe, welche von sozialer Ungleichheit betroffen ist. Denn die Abweichung von der Norm zieht

Konsequenzen in Form von Reaktion der Gesellschaft nach sich. In diesem Zusammenhang bin ich mehrfach auf die Begriffe Stigma, Stigmatisierung sowie Diskriminierung gestoßen. Daher möchte ich diesen Begrifflichkeiten und ihren Auswirkungen besondere Aufmerksamkeit widmen.

Hierfür greife ich auf den kanadischen Soziologen Erving Goffmann zurück. Dieser ging 1979 in seinem Buch „Stigma" davon aus, dass die Gesellschaft selbst festlegt, ob sich jemand im Bereich der von ihr bestimmten Norm befindet oder nicht. Sobald jemand von dieser allgemein akzeptierten Norm abweicht, in Form seines Äußeren, seinem Verhalten oder einer Aktivität außerhalb seines sozialen Standes, verliert die Person ihre vollständige soziale Akzeptanz. Die betroffene Person wird daraufhin als auffallend wahrgenommen. Dies führt zu einer Bewertung durch jene, welche sich innerhalb der Normierung bewegen.

Goffmann unterscheidet bei seinen Normabweichungen drei große Gruppen. Die physisch Deformierten, damit sind Menschen mit körperlicher Behinderung gemeint, Menschen mit phylogenetischem Stigma, dieses bezieht sich auf unterschiedliche Rasse, Religion und Nation sowie die letzte Gruppe der Menschen mit einem individuellen Charakterfehler. Hierunter fallen zum Beispiel Straftäter, Süchtige als auch M.m.p.E.. Alle drei Gruppen erfahren auf Grund ihrer Andersartigkeit keine vollständige soziale Akzeptanz (ebd., S. 12/13).

Goffmann hat zudem hervorgehoben, dass es einen wesentlichen Unterschied im Auftreten der Betroffenen macht, ob die Person davon ausgeht, dass ihre Andersartigkeit bekannt ist oder spätestens bei in Erscheinung treten bekannt werden wird oder ob die Person eine Chance sieht, ihren Stigma auslösenden Anteil vorerst zu verheimlichen. Schlussendlich geht er jedoch davon aus, dass beide von sofort sichtbarem oder nicht sichtbarem Stigma Betroffenen mit Bewertung aus der Öffentlichkeit vertraut sind. Bei den einen früher und bei den anderen später.

Innerhalb seiner Ausführungen kommt Goffmann auf die Diskriminierung zu sprechen. Dies ist eine Reaktion auf die wahrgenommene Abweichung von der Norm, in Form einer negativen Bewertung des Menschen. Diese Abwertung führt zu einer Stigmatisierung. Er beschreibt, dass dieser Vorgang immer eine Wechselwirkung mit anderen Menschen zur Folge hat (Goffmann, 1979, S. 9-16). In meinen eigenen Worten hätte ich diese Wechselwirkung in einem Satz folgendermaßen formuliert: „...weil du nicht bist, wie alle anderen, kann ich dich auch nicht gleichwertig behandeln...". Noch präziser schreibt Goffmann: Es ginge um Erwartungen, welche Menschen aneinander haben, die „fehlerhafte" Menschen nicht erfüllen können. Mein

Satz könnte in Folge lauten: „Weil du nicht bist, wie ich es von dir erwarte, kann ich dich auch nicht behandeln, wie es von mir üblicherweise zu erwarten wäre."

Nach den Ausführungen von Goffmann möchte ich erneut auf das Positionspapier der DRV zurückgreifen: „Dabei ist die Grenze zwischen Gesundheit und Krankheit fließend, die Definition des „Normalen" maßgeblich von Vorstellungen und Toleranz der jeweiligen Gesellschaft abhängig und die Gefahr der Stigmatisierung immer noch hoch" (PP DRV, S.7). Mit diesem Zitat wird einerseits das aktuell ungeminderte Vorhandensein von Stigmatisierung deutlich, andererseits wird, wie bei Bourdieu, Schweizer & Schlippe als auch Goffmann die Gesellschaft mit ihrer Definition von Normalität als Quelle der Stigmatisierung benannt.

2.2 Befinden sich Stigmatisierung und Diskriminierung im Wandel?

In der Einleitung habe ich aus dem Positionspapier der DRV die Definition einer Störung entnommen. Der Begriff Störung wurde darin verwendet, um auf die Unklarheit hinzuweisen, ob der Betroffene unter einer Krankheit oder eine ausgeprägten psychischen Belastung leidet (PP DRV, S.7).

Aus bereits angeführter Quelle stammt, dass der Begriff Krankheit im Zusammenhang mit der Diagnosenstellung bei M.m.p.E. im Jahr 1996 gezielt durch den Begriff Störung ersetzt wurde. Diese Änderung sollte ein Beitrag zur Entstigmatisierung sein. Künftig sollten nur noch Symptome beschrieben werden ohne Ver- und Beurteilungen. Die Absicht dahinter ist eine Angleichung an die Diagnostik der körperlichen Krankheiten, um nach der Feststellung von Abweichungen ein Wissen darüber zu erlangen, welche Fehlfunktionen beseitigt werden sollen. Zum Opfer fiel, am Beispiel der Depression, die Einbeziehung des Gesamtkontextes, wie z.B. die soziale Lage, Konflikte, welche der Ursache zugrunde liegen könnten, als auch die lebensgeschichtlichen Ursachen. Mit dieser Veränderung wurde anstelle des Zieles, zu einer Entstigmatisierung beizutragen, ein neues Stigma geschaffen (Jurk, 2014, S.151/152).

Um im zeitlichen Werdegang zu begreifen, welche Einschränkung Menschen mit psychischer Krankheit allein durch Begrifflichkeiten auferlegt wurden, möchte ich mich erneut auf Klaus Dörner beziehen. Er schreibt, dass die Anerkennung und Gleichstellung von körperlicher und psychischer Krankheit erstmalig die Voraussetzung dafür schuf, den Gedanken zu wagen, dass auch bei psychischer Erkrankung möglicherweise eine „Heilung" in Betracht gezogen werden kann (Dörner, 2012, S. 36/37).

Im Februar 2014 teilt Dr. Manfred Lütz, Facharzt für Psychiatrie und Psychotherapie von der Bundesarbeitsgemeinschaft der Integrationsämter und Hauptfürsorgestelle (BIH) in einem Interview des Landschaftsverbandes Rheinland (LVR) mit, dass Arbeit für Menschen mit psychischer Behinderung, die beste Medizin und Therapie sei. Er führt aus, Arbeit schenkt Selbstvertrauen, sie führt zu gesellschaftlicher Anerkennung und hilft einen Tag zu strukturieren. Leider gestalte es sich so, dass es auf der Seite der „Normalen" zu Berührungsängsten und Vorurteilen komme, weswegen es M.m.p.E. auf dem Arbeitsmarkt sehr schwer haben würden. Es sei auch nach wie vor wenig bekannt, dass heute psychische Erkrankungen vergleichsweise schnell zu heilen oder zumindest zu lindern seien (ZB Integrationsämter, 2014, o.S.).

Die DGPPN schreibt immer wieder in Kooperation mit dem Aktionsbündnis „Seelische Gesundheit" ein Preisausschreiben für einen *Antistigma-Preis* aus. Aus dieser Ausschreibung geht einerseits bürgerliches Engagement und Erkenntnis hervor, andererseits wird sehr deutlich, dass M.m.p.E. trotz Integrationsprojekten und Aufklärungskampagnen immer noch mit großen Vorurteilen zu kämpfen haben. In der Ausschreibung heißt es, dass M.m.p.E. zusätzlich zu ihrer Krankheit Ablehnung, Diskriminierung sowie Isolationen der Gesellschaft auszuhalten haben. Diese führen zu einer enormen Zusatzbelastung, welche sich auch auf den Gesundungsprozess negativ auswirken kann. So kann es zu der bereits mehrfach genannten Arbeitsunfähigkeit kommen. Jedoch auch zur Sucht, bis hin zur Obdachlosigkeit. Im April 2016 verfassten Artikel des Aktionsbündnisses wird explizit darauf hingewiesen, dass die Zahl der Erkrankungen von Jahr zu Jahr steigen. In den Statistiken der unter Kapitel 1. „Einleitung" aufgeführten Arbeitsunfähigkeitstage sowie den Daten zur Erwerbsminderungsrente stehen die psychischen Erkrankungen in Bezug zur Arbeitsunfähigkeit ganz vorne. Aus diesen Beiträgen schließe ich auf eine Wechselwirkung zwischen den Betroffenen und der Gesellschaft, welche ein Zurückkehren ins Berufsleben erschwert. Meine Annahme wird durch eine weitere Aussage des Aktionsbündnisses bekräftigt, welche lautet, dass häufig ein ausschlaggebender Faktor für einen positiven Krankheitsverlauf die soziale Integration sei. Das Gelingen von Integration wird maßgeblich durch die zuvor genannten Pressebeiträge in Bezug zu gesellschaftlicher Stigmatisierung in Frage gestellt (Aktionsbündnis Seelische Gesundheit, 2016, o.S.).

Zur direkten Kontrastierung der Antistigmakampagnen möchte ich mich auf einen Beitrag von Charlotte Jurk beziehen. Sie hinterfragt die Thematik der psychischen Krankheit und ihren Folgen mit einer Bezugnahme auf Finden (2006). Seiner Meinung nach, gibt es bei den Diagnosesystemen der Moderne keinen Platz für eine subjektive

Betrachtung einer Krankheit. Die Systeme von ICD-10 und DSM-V sind laut Finzen systemische Klassifikationen, welche von „internationalen Kommissionen" (Jurk, 2014, S. 151) festgelegt wurden. Deren Ziel war es, Klassifikationen zu entwickeln, welche kulturunabhängig und theoriefrei sein sollten. Jurk führt aus, dass für eine kulturunabhängige und theoriefreie Betrachtung eines Menschen angenommen werden müsste, dass einer Störung der Psyche eine biologische Fehlfunktion zugrunde liegt. Durch solch eine Sichtweise würde der Mensch in seiner Funktionsweise auf eine biologische Apparatur begrenzt. Inhaltlich ginge es dann um Hormonmangel, Fehlfunktionen der Drüsen und fehlende Botenstoffe für die Synapsen. Sie kritisiert, dass diese Form der „Entstigmatisierung" einer neuen Form von Unterwerfung gleich kommt. Es gehe darum zu funktionieren. Wer nicht funktioniert, bekommt Medikamente und ist darüber hinaus selbst dafür verantwortlich, dass er wieder funktionsfähig wird. Tatsächlich führten die steigenden Zahlen der Depressiven dazu, dass die Depression zur Volkskrankheit erklärt wurde. Als Grundlage dieser Aussage bezieht sich Jurk auf einen Bericht der Zeitschrift Spiegel, welche den Report der *Barmer Ersatzkasse* 2011 heraus gebracht hat. An der Entwicklung zur „Volkskrankheit" kritisiert sie, dass es der heutige Normalfall sei, zum/zur Therapeuten_in zu gehen und sich ungünstige Seelenzustände „wegtherapieren" und -medikamentieren zu lassen. Dabei fehle die Auseinandersetzung mit den sozialen wie gesellschaftlichen Zusammenhängen. Die Folgen dieser „Biologisierung" entstammen einem neoliberalen verordneten Optimierungszwang. Der Mensch würde darauf reduziert, Leistungen zu erbringen. Das Engagement der Gesellschaft bestehe in der Annahme einer neuen „Normalisierung", welche nicht die Perspektivlosigkeit und Niedergeschlagenheit in der Gesellschaft wahrnehme, sondern stattdessen das „Phänomen" durch Erschaffung von regionalen Kompetenzzentren und Netzwerken „beheben" möchte (Jurk, 2014, S.151-154).

3. Welche Entwicklung und Antworten hat die Sozialpolitik für Menschen mit psychischer Erkrankung von der Industrialisierung bis heute?

Wie wichtig die Sozial- und Gesundheitspolitik für Menschen ist, entnehme ich dem folgenden Zitat der *WHO*:

„Die Gesundheit aller Völker ist eine Grundbedingung für den Weltfrieden und die Sicherheit; sie hängt von der engsten Zusammenarbeit der Einzelnen und der Staaten ab.

Die von jedem einzelnen Staate in der Verbesserung und dem Schutz der Gesundheit erzielten Ergebnisse sind wertvoll für alle" (WHO, 2014, S.1).

Aus diesem Zitat geht deutlich hervor, wie umfassend sich die Politik mit dem Thema Gesundheit zu befassen hat, um eine gesellschaftsförderliche Entwicklung voranzutreiben.

3.1 Industrialisierung

Mit Blick auf die Sozialpolitik wird das Jahr 1883 im Zusammenhang mit der Einführung der gesetzlichen Krankenversicherung durch Otto von Bismarck gerne als „Geburtsjahr" der Sozialpolitik verwendet. Kritisch angemerkt wird dabei, dass Bismarck als preußischer Ministerpräsident und Reichskanzler diesen Schritt nicht nur aus menschlicher Überzeugung gegangen ist, sondern dadurch auch seine und des Kaisers politische Macht festigte, indem er die Sozialdemokraten dadurch zurückdrängte (Wabnitz, 2010, S. 151). Treffender wäre es zu sagen, dass es lange vor Einführung der Krankenversicherung die Fürsorge gab. Diese wiederum bereitete zusammen mit der gemeinschaftlichen Verantwortung die Voraussetzung für die Sozialpolitik. In einem Begriff zusammengefasst geht es inhaltlich um Solidarität. Sie macht die Sozialpolitik aus und bedeutet bis heute, dass die Gesellschaft füreinander einsteht und sich unter anderem mit der Frage nach Gerechtigkeit und somit auch mit sozialen Ungleichheiten beschäftigt. Mit dem Ziel, Ungleichheiten sichtbar zu machen und Lösungen zu schaffen, sodass ein soziales Miteinander überhaupt möglich werden kann.

Während der Industrialisierung kam es zu einer Massenverelendung des Volkes. Maßnahmen wie die Einführung der gesetzlichen Krankenversicherung waren der erste Schritt dieser Verelendung entgegenzuwirken und sich dadurch die Arbeitswilligkeit des Volkes zu erhalten. Da der erste Schritt längst nicht ausreichend war, kamen im Laufe der Zeit weitere Schritte in Form von Versicherungen, wie die Unfall-, Arbeitslosen- und Rentenversicherung sowie die Pflegeversicherung hinzu. Sie alle haben bis heute aktuelle Gültigkeit. Sie dienen immer noch dem Zweck der Absicherung von Arbeitnehmern und somit dem Erhalt der Leistungsfähigkeit der Arbeitskräfte und den Arbeitskräften zum Erhalt ihrer Arbeitsplätze (Ditz, Frevel und Toens, 2015, S.11-15).

Klaus Dörner befasst sich in seinem Buch „Helfensbedürftig" intensiv mit den Auswirkungen und Entwicklungen vom Industriezeitalter bis in unsere Gegenwart.

Im geschichtlichen Verlauf kam es durch das Industriezeitalter zu einer konstant steigenden Erhöhung der Leistungserwartung an die Arbeiter und der damit einhergehenden Steigerung der Produktion von Gütern. Die einseitige Betrachtung des Menschen als Leistungsobjekt zog nachhaltige Konsequenzen nach sich. Der Mensch wurde zunehmend als reiner Leistungserbringer gesehen und sein Wert an seiner Leistungsfähigkeit bemessen. Dieser Blick führte z.B. im Bereich der M.m.p.E. dazu, dass Zuständigkeiten aufgeteilt wurden. Menschen, die nur wenig oder keinen Leistungsnutzen erbrachten, wurden aussortiert. Sie kamen in spezielle Heime und Institutionen, um dort von professionellen Leitern und Mitarbeitern betreut zu werden. Diese, so wurde es bestimmt, wussten ihrer Berufung nach am besten, was den ihnen anvertrauten Patienten gut tat. Diese Sichtweise führte bei den Bürgern und Bürgerinnen zu einer voranschreitenden Wertlosigkeit und Entmündigung. Diese Entwicklung begann vor dem ersten Weltkrieg und endete erst weit nach dem zweiten Weltkrieg. Ab ca. 1912 bis 1945 haben unterschiedliche Machtträger menschliches Leben in „lebenswürdiges" und „lebensunwürdiges" Leben aufgeteilt. „Lebensunwürdige" wurden im NS-Regime im Zuge der Euthanasie ermordet. Davor und im Anschluss wurden sie dem Hungertod ausgesetzt.

Klaus Dörner bezieht zur Unterstreichung dieser Entwicklung den Bioethiker Warren Reich mit ein, welcher in seinem Vortrag „Verrat an der Fürsorge" beschreibt, dass die Fürsorge durch die „Autonomie-Bioethik" ersetzt wurde. Mit der Folge, dass dem Patient zugeschrieben wurde, dass er selbst schuld an seinem Schicksal sei und zum anderen die damals modernen Mediziner, ethisch rechtfertigten, dass ihre bisherige Fürsorge von den nun „Lebensunwerten" auf die Vorsorge für die „lebenswerten" Gesunden umverteilt werden konnte. In diesem Zeitraum ging es per Gesetz bei der Unterbringung von M.m.p.E. um stationäre vor ambulanter Unterbringung.

Dörner nennt die Einführung der Gesetzesnorm (§ 3a BSHG) im Bundessozialhilfegesetz als einschneidende Veränderung. Im neuen Gesetzestext des Jahres 1961 steht „das Prinzip ambulant vor stationär" als Richtlinie bei der Unterbringung. Dörner nennt es einen großen neuen Schritt nach hundertjährigem gegensätzlichem Denken. Von einer deutlichen und umfassenden Verbesserung der Lebensumstände von M.m.p.E. geht Dörner jedoch erst ab dem Jahr 1980 aus. (Dörner, 2014, S. 24-31).

3.2 Von der Industrialisierung zur Dienstleistungsgesellschaft

Mit Blick auf das 21. Jahrhundert wagt Klaus Dörner eine ganz neue Hypothese: Menschen mit psychischer Erkrankung fallen in besonderem Maß unter die Personengruppe, welche unserer „neuen Dienstleistungsgesellschaft" bedarf. Seine

Hypothese ist, dass Deutschland möglicherweise aus dem Zeitalter der Industrialisierung in ein Zeitalter der Dienstleistungsgesellschaft übergeht. Er begründet diesen Gedankengang mit einer beobachteten und dokumentierten Entwicklung, bezogen auf das Engagement aus der Bevölkerung. Dieses Engagement bringt ansehnliche Ergebnisse in der gesellschaftlichen Hilfsbereitschaft bei der Integration von behinderten Menschen hervor. Diese Entwicklungsbeobachtung ist jedoch ausschließlich auf an Demenz erkrankten alten Menschen bezogen (ebd., S. 7).

Im weiteren Verlauf möchte ich Quellen nutzen, die das politische Engagement von Vereinen und Verbänden repräsentieren, welche sich für M.m.p.E. einsetzen. Nach meinen Recherchen können diese nicht in dem Maß mithalten, wie sie von Dörner über den einzelnen Bürger der Nachbarschaft als „dritter Sozialraum" (ebd., S. 70) bis zu den Kommunen und Ländern (ebd., S. 130) im Umgang mit an Demenz Erkrankten zu finden sind.

3.3 Politisch aktiv für Menschen mit psychischer Erkrankung gegen Stigmatisierung

Die Haupt-Ausschluss-Kriterien von M.m.p.E. sind nach wie vor Stigmatisierung und Diskriminierung, welche unter 2.1 beschrieben wurden (BZgA, 2016, o.S.).

Das Netzwerk *Aktionsbündnis Seelische Gesundheit* engagiert sich, wie bereits beschrieben, um Stigmatisierungen durch Aufklärung zunehmend zu minimieren. Das Netzwerk wurde 2006 gegründet und zählt rund 80 Mitgliedsorganisationen, welche vom Bundesministerium für Gesundheit gefördert werden. Diese Mitgliedsorganisationen bestehen aus den Selbsthilfeverbänden von Betroffenen und Angehörigen der M.m.p.E.. Zu diesen gehören Verbände aus den Bereichen Psychiatrie, Gesundheitsförderung sowie der Politik. Die Gründer dieses Bündnisses sind die deutsche Gesellschaft für Psychiatrie und Psychotherapie, Psychosomatik und der Nervenheilkunde (DGPPN), zusammen mit dem Partner „Open the doors"[3] für das internationale Antistigmaprogramm (Aktionsbündnis Seelische Gesundheit, 2016). Aufklärung durch das Aktionsbündnis seelische Gesundheit finden auch über weitere Vernetzungen, wie z.B. durch Publikationen im PTA-Forum u.a. zum Thema mediale Beeinflussung gegenüber M.m.p.E. statt (Immel-Sehr, 2016, o.S.).

---

[3] Open the doors ist ein Programm der BASTA und WPA, welches sich weltweit gegen Stigmatisierung und Diskriminierung von M.m.p.E. einsetzt. htt://openthedoors.de/de/

Damit es zu positiven Veränderungen im Umgang und der Versorgung für M.m.p.E. kommen kann, braucht es die kontinuierliche Zusammenarbeit zwischen den Menschen, die sich engagieren und auf Bedürfnisse aufmerksam machen und denen, die politisch aktiv sind und sich die Anliegen anhören, um über Sinn und Machbarkeit zu diskutieren und darüber zu entscheiden. Ein aktuelles Beispiel, welche Wege, Personen und Zeit nötig sind, um allein einen Gesetzentwurf auf den Weg zu bringen, möchte ich anhand eines Referentenentwurf des BMAS veranschaulichen. Dabei handelt es sich um einen Entwurf „zur Stärkung der Teilhabe und Selbstbestimmung von M.m.B." (BIH, 2016, S. 1).

Der eingebrachte Entwurf wird vom Fachausschuss, im Plenum sowie von Experten im Vorfeld diskutiert, verändert und gegebenenfalls vom Bundesrat eingesehen. Vor der Abstimmung im Parlament ist der Entwurf noch kein beschlossenes Gesetz. Bis es ein Gesetzt werden kann, wird der Entwurf mehrfach überarbeitet und am Ende mit dem im Grundgesetz festgelegten Verfahren vom Justizministerium sowie dem Bundesinnenministerium geprüft. Bei der Prüfung geht es in erster Linie um die Vereinbarkeit des neuen Entwurfs mit den geltenden Gesetzen sowie deren beteiligten Nachbargesetzen. Alle Minister der Regierung, sprich das Kabinett unter der Leitung der Bundeskanzlerin, stimmen ganz zum Schluss über den Entwurf ab. Durch den Beschluss der Abstimmung wird aus der Gesetzesvorlage ein förmlicher Regierungsentwurf. Erst im Anschluss beginnt das eigentliche Gesetzgebungsverfahren (Deutscher Bundestag, 2010, o.S.).

Aus einem Bericht des Bundesministeriums für Gesundheit vom Februar 2016 geht hervor, dass sich die Gesundheitspolitiker der CDU/CSU und der SPD sowie dem Bundesgesundheitsminister Hermann Gröhe über Eckpunkte bei der Weiterentwicklung des Psych-Entgeltsystems geeinigt haben. Den Worten Hermann Gröhes ist zu entnehmen, dass die Anliegen der Menschen mit einer psychischen Erkrankung in der Politik Gehör gefunden haben und diese per Gesetzgebung umgesetzt werden sollen. Hermann Gröhe teilt mit, dass die Finanzierung für die Versorgung der Patienten_innen über ein leistungsgerechtes Vergütungsbudget mit großer Zustimmung der Fachverbände verhandelt werden konnte. Psychische Akut-Behandlungen sollen im häuslichen Umfeld möglich gemacht werden und in den Krankheitsphasen, in welchen ein stationärer Aufenthalt notwendig wird, sollen spezielle Behandlungsteams zur Verfügung stehen. Mit Mindestpersonalvorgaben soll eine menschlichere Zuwendung gewährleistet werden.

Im Einzelnen geht es um sehr konkrete Maßnahmen, wie die Behandlung im häuslichen Umfeld, auch *Hometreatment* genannt. Die Zielgruppe sind Menschen mit schweren psychischen Erkrankungen. Für sie soll in Zeiten von akutem Versorgungsbedarf eine erhöhte Flexibilität und Bedarfsgerechtigkeit ermöglicht werden, sodass eine Versorgung auch zu Hause möglich ist.

Bei den Budgetverhandlungen sollen die Verhandlungspartner vor Ort gestärkt werden, im Sinne einer regionalen Versorgungsverpflichtung. Dafür entfallen die bislang angedachten Annäherungen für landeseinheitliche Preise.

Damit Leistungsgerechtigkeit und Durchlässigkeit bei der Kalkulation hergestellt werden kann, wird weiterhin eine bundeseinheitliche Bewertungsrelation von empirischen Daten heran gezogen. Insbesondere auf den Qualitätsvorgaben des G-BA.[4]

Ein weiterer Punkt ist die Einführung von Leitlinien, welche sich auf die Mindestvorgaben der verbindlich angestellten Personen in stationären Einrichtungen beziehen. Diese Mindestvorgaben werden als Qualitätsrichtlinie im G-BA festgelegt. Dabei muss sich der G-BA an der Psychiatrie-Personalverordnung orientieren. Der medizinische Kenntnisstand, welcher in den Leitlinien festgelegt ist, muss angemessen berücksichtigt werden.

Damit bei den Verhandlungen mit den Vertragsparteien vor Ort Transparenz möglich wird, soll der *Krankenhausvergleich* herangezogen werden. Das Vorgehen soll dazu dienen, flexibel Ungleiches ungleich und Gleiches gleich zu vergüten. Mit der Entwicklung des Krankenhausvergleichs, werden die Vertragsparteien auf Bundesebene beauftragt.

Die Ausrichtung der neuen gesetzlichen Rahmenbedingungen für das Psych-Entgeltsystem soll noch im Jahr 2016 stattfinden. Verbindlich soll es von allen Psych-Einrichtungen mit budgetneutralen Bedingungen ab dem Jahr 2017 angewendet werden (Bundesministerium für Gesundheit, 2016, o.S.).

Entgegen der eben geschilderten Verbesserungen für M.m.p.E., entstanden Debatten um eine Veränderung im Arzneimittelrecht. Laut der *Stuttgarter Zeitung* hätte Gröhe gerne ein neues Gesetz verabschiedet, welches der sogenannten gruppennützigen Forschung zu Gute kommen sollte. Die Idee ist es, per Patientenverfügung zu regeln, dass an „nicht einwilligungsfähigen Erwachsenen" (Stuttgarter Zeitung, 2016, S. 5) wie z.B. an Demenz Erkrankten, Arzneimitteltest durchgeführt werden dürfen. Diese würden zwar den Getesteten keinen Nutzen mehr bringen, dafür jedoch der Nachwelt. Es kam daraufhin zu einer breit aufgestellten Gegenwehr durch Verband, Kirche,

---

[4] Gemeinsamer Bundesausschuss als oberstes Beschlussgremium der gemeinsamen Selbstverwaltung von Ärzten, Zahnärzten, Psychotherapeuten, Krankenhäusern und Krankenkassen in Deutschland.

Politiker und der Justiz. Man wolle nicht zulassen, dass „die Menschenwürde einer besonders schutzbedürftigen Gruppe" gefährdet würde (ebd.). Dafür wolle man sich einsetzen (ebd.).

Im nachfolgenden Kapitel möchte ich aufzeigen, welche Gesetze die Anliegen und Bedürfnisse von M.m.p.E. und Behinderung regeln.

4. Schaffen von Verbindlichkeit im Rechtssystem

Bevor ich auf die speziell zugeschnittenen Gesetze für M.m.p.E. und M.m.B. eingehe, folgt eine kurze Zusammenfassung was das Sozialrecht überhaupt ist und wofür es gebraucht wird.

Die BRD ist ein demokratischer und sozialer Rechtsstaat, welcher per Verfassung im Grundgesetz niedergeschrieben ist. Aus dieser Haltung heraus entsteht das Sozialstaatsprinzip welches besagt, dass jede_r Bürger_in einen Anspruch auf ein menschenwürdiges Dasein sowie angemessene Lebensmöglichkeiten hat (Art. 20 und 28 GG).

Die verfassten Gesetze im Sozialrecht sollen gewährleisten, dass soziale Sicherheit und Gerechtigkeit möglich gemacht werden. In § 1 Abs.1 Satz 2 SGB I wird genauer beschrieben, was soziale Gerechtigkeit und Sicherheit für den und die Einzelne_n bedeuten soll. Jedem_r Bürger_in soll zugesichert sein, dass ein menschenwürdiges Dasein ermöglicht wird. Ferner gehört ein frei wählbarer Erwerb zum Lebensunterhalt sowie die freie Entfaltung der Persönlichkeit dazu. Unter dem Sozialrecht lassen sich Gesetze zusammenfassen, welche unter anderem dazu dienen, die soziale Sicherheit zu regeln. Die soziale Sicherung besteht aus dem Vorsorge-, Förderungs-, Hilfe- und Entschädigungssystem. Hinzu kommen sonstige öffentlich-rechtliche Leistungen wie Leistungen durch den Arbeitgeber als auch Steuererleichterungen. Eine weitere entscheidende Entwicklung ist die zunehmende private Vorsorge aufgrund der schwindenden staatlichen Mittel zur Abdeckung der sozialen Risiken. Staatliche Anreize zur privaten Vorsorge wurden zum Beispiel bei der Riester Rente anhand staatlicher Zuschüsse geschaffen (Herborth, 2014, S. 18-21).

Für M.m.p.E. und in Folge (psychischer) Behinderung ist das SGB IX die zentrale Rechtsquelle. Es trat am 01. Juli 2001 in Kraft. Im SGB IX werden sowohl die Anliegen der Menschen mit Behinderung und Menschen die von Behinderung bedroht sind, als auch von schwerbehinderten Menschen erfasst nach § 1 SGB IX. Im weiteren Verlauf werde ich mich themenbezogen nur mit dem SGB IX beschäftigen. Mit dem Hinweis, dass für eine ganzheitlichere Verständlichkeit eine weitere Vernetzung mit anderen Teilen aus dem SGB und weiteren Gesetzen, wie z.b. dem BGB, in welchem das Betreuungsrecht geregelt wird, nötig ist.

Es gibt für das neunte Gesetzbuch „keinen einheitlichen Träger" (ebd., S. 169), sodass die Zuständigkeiten auf die Sozialversicherungsträger verteilt sind. Diese sind die Kranken-, Unfall-, Renten-, Arbeitslosen- und Pflegeversicherung (Wabnitz, 2010, S. 156/157). Hinzu kommen die Träger der Sozialhilfe, Kriegsopferfürsorge sowie der Kinder- und Jugendhilfe § 6 SGB IX (Herborth, 2015, S. 169).

Um Behinderung zu vermeiden, ist Prävention der erste Schritt vor allen anderen! Diese regelt der § 3 SGB IX. Auch gibt es einen Vorrang bei der Reha, vor Renten- und Pflegeleistungen, die im § 8 Abs.2u.3 SGB IX geregelt sind.

Damit bei Streitigkeiten bzgl. der Zuständigkeit keine Zeit verloren geht und der von Behinderung betroffene Mensch unter langen Bearbeitungszeiten zu leiden hat, wurde § 14 SGB IX als „Turboparagraf" eingeführt. Zusätzlich ist in diesem Zusammenhang § 7 SGB IX hilfreich, da er im Zweifelsfall die Zuständigkeit festlegt. Je nach Leistungsangebot ist der zuständige Träger verantwortlich und damit das entsprechende Gesetz. Z.B. bei Anspruch auf Reha-Leistungen der Rentenversicherung nach den Vorschriften des SGB VI. In den §§ 10-12 SGB IX sichern die Leistungserbringer zu, sich darum zu bemühen, bei verschiedenen Zuständigkeiten von Trägern im Interesse der Leistungsbezieher vorzugehen. Ein gewichtiger § 9 SGB IX regelt das Wunsch- und Wahlrecht. Dieses besagt, dass die Leistungsberechtigten, wenn sie bei der Umsetzung ihrer Wünsche keine Mehrkosten erzielen, bei der Leistungsgestaltung individuell entscheiden können.

Besonders wichtig ist in diesem Zusammenhang das persönliche Budget § 17 Abs. 2 bis 6 SGB IX. Es verschafft den M.m.B. ein Selbstbestimmungsrecht, wenn es darum geht Reha-Leistungen zur Umsetzung von Leistungen zur Teilhabe am gesellschaftlichen Leben individuell zu gestalten.

Die Reha-Träger haben für M.m.B., deren Personensorgeberechtigten und Vertrauenspersonen Servicestellen zur Beratung und Unterstützung einzurichten, vgl. auch §§ 60 ff. SGB IX. Diese sollen im Bereich der Rehabilitation für eine verbesserte Infrastruktur sorgen. Damit deren Qualität und Quantität gewährleistet werden kann, dafür sorgen die §§ 19 und 20 SGB IX (ebd., S. 170).

Eine Übersicht zu beruflichen, medizinischen und sozialen Reha-Leistungen einzelner Träger regeln die Kapitel 4-7 (§§ 26 ff. SGB IX). Z.B. die Bundesagentur für Arbeit, § 33 SGB IX im SGB III.

Falls M.m.B. in ihren Rechten verletzt werden, gibt es von den Verbänden ein Klagerecht, welches in § 63 SGB IX geregelt ist.

Der 2. Teil des SGB IX regelt die Rechte für schwerbehinderte (sb) Menschen. Hat das in Baden-Württemberg zuständige Integrationsamt, in anderen Bundesländern nennt es sich häufig auch, festgestellt, dass eine Behinderung von mind. 50 vorliegt, gilt der Betroffene als Schwerbehindert (SB) (ebd., S.180).

Unter bestimmten Voraussetzungen kann ein Mensch mit einem Grad von mindestens 30 an Behinderung auch einem M.m.SB. gleichgestellt werden § 2 Abs. 3 SGB IX (ebd., S. 183).

Mit den §§ 68 ff. SGB IX wurde das ehemalige Schwerbehindertengesetz für Sb. übernommen. Dabei geht es materiell teilweise um das private Arbeitsrecht sowie um Normen des öffentlichen Rechts, die auch mit dem Arbeitsrecht zu tun haben. Darin sind auch die Bestimmungen der kostenfreien Beförderung im öffentlichen Personenverkehr geregelt sowie die Bestimmungen, die Werkstätten für M.m.B. betreffen (ebd., S.171). Sehr wesentlich hat sich beim Arbeitsrecht verändert, dass es einem Arbeitgeber verboten wird, einen sb. Arbeitnehmer (AN) zu diskriminieren. Diskriminiert der Arbeitgeber (AG) den AN dennoch, verstößt der AG gegen das Allgemeine Gleichbehandlungsgesetz. In dem Fall hat der AN Anspruch auf eine Geldentschädigung (§ 81 Abs. 2 SGB IX). Zu den verbesserten Arbeitsbedingungen gehört auch die betriebliche Prävention. Diese soll dafür sorgen, dass bei auftretenden Schwierigkeiten am Arbeitsplatz, Maßnahmen wie z.B. Einschalten der Schwerbehindertenvertretung, umgesetzt werden mit dem Ziel ein dauerhaftes Beschäftigungsverhältnis zu erhalten (§ 84 SGB IX). Führen AG ein betriebliches Eingliederungsmanagement durch, können die Integrationsämter dieses durch einen Bonus oder eine Prämie fördern (§ 84 Abs. 3 SGB IX) (ebd.,S.171). Für sb. Menschen kommen besondere Regelungen hinzu, die im Wesentlichen zum Arbeitsrecht gehören, wie z.B. der Kündigungsschutz in den §§ 85 ff. SGB IX – ein besonderer Schutz vor Kündigung durch den AG. In § 125 SGB IX wird der Anspruch auf zusätzlichen bezahlten Urlaub geregelt.

Ausgleichsabgaben § 77 SGB IX haben AG zu entrichten, wenn sie die vorgeschriebene Pflichtarbeitsplätze für M.m.B. nicht besetzen. Arbeiten hingegen mindestens fünf sb. Menschen in einem Betrieb, können diese eine Schwerbehindertenvertretung (SBV) wählen, §§ 94 ff. SGB IX, um ihre Interessen vertreten zu lassen. Unter bestimmten gesundheitlichen Voraussetzungen, welche im Schwerbehindertenausweis (SBA) vermerkt werden, hat ein schwerbehinderter Mensch auch einen Anspruch auf einen Nachteilsausgleich nach

§ 126 SGB IX (z.B. Steuervergünstigungen). Seit 2015 werden Schwerbehindertenausweise nach §§ 69 Abs. 5, 70 SGB IX als Plastikkarte mit Hinweis auf „Schwerbehinderung in englischer Sprache" (ebd., S.183), „Kennzeichen in Braille-Schrift" (ebd.) und einem Lichtbild auf der Vorderseite ausgestellt. Das zuständige Integrationsamt stellt die Ausweise aus, prüft, welche Behinderungen vorliegen und legt fest, welche Merkzeichen vergeben werden. Ein Merkzeichen wäre z.B. „G" für eine Einschränkung der Bewegung. Nur wer einen SBA hat, hat Anspruch auf einen Nachteilsausgleich (ebd.). Zusammenfassend kann gesagt werden, dass das 2001 in Kraft getretene SGB IX, aufgrund der Zusammenfassung der Vorschriften mehrerer Sozialleistungsbereiche, übersichtlicher geworden ist. Das Zentrum bildet über die Versorgung und Fürsorge hinaus die „Teilhabe am gesellschaftlichen Leben" (ebd., S.186). Dadurch sollen Hindernisse beseitigt und Chancengleichheit geschaffen werden. Erreicht werden soll dieses Ziel mit beruflichen, medizinischen und sozialen Leistungen.

5. Soziale Arbeit mit psychisch erkrankten und behinderten Menschen

Die praktische Umsetzung der politischen Beschlüsse, präventiver Maßnahmen und Hilfestellungen in der Begleitung und Betreuung von M.m.p.E. und Behinderung erfährt auch im Rahmen der sozialen Arbeit eine Umsetzung.

Je nach Verlauf gibt es für betroffene Menschen im mittleren Alter als Anlaufstelle z.B. im Kreis Göppingen/Geislingen rund zehn staatliche, wie kirchliche Beratungsstellen (LkG, 2016a). Darüber hinaus gibt es für diejenigen, welche eine Betreuungsform benötigen, Teil- und Vollstationäre Unterbringung in der Sozialpsychiatrischen Klinik Christophsbad. Diese bietet Aufnahme und Unterbringungen in Form einer Tagesklinik (CB, 2016b) sowie als Akutklinik (CB, 2016a). Ferner gibt es das Angebot des betreuten Wohnens in fremden Familien als Alternative zu einer stationären Unterbringung (LkG, 2016b) sowie betreute Wohngruppen (Viadukt, 2016b) von Einzelappartements über Paarwohnen bis zu Viererwohngemeinschaften (Viadukt, 2016a). Darüber hinaus bietet das Sozialamt im Wege der Eingliederungshilfe umfassende Beratung, wie Unterstützung bei der Bedarfseinschätzung und Finanzierung (LkG, 2016).

6. Fazit

Die WHO schreibt in ihrer Verfassung: „Der Besitz des bestmöglichen Gesundheitszustandes bildet eines der Grundrechte jedes menschlichen Wesens, ohne Unterschied der Rasse, der Religion, der politischen Anschauung und der wirtschaftlichen oder sozialen Stellung" (WHO, 2014, S. 1).

Soziales Handeln braucht gesellschaftliche Auseinandersetzung und muss manchmal erst errungen werden. Wie im Verlauf meiner Arbeit zu sehen ist, ringt ein Teil der Gesellschaft auch um Verbesserungen für das Leben von Menschen mit psychischer Erkrankung und Behinderung. Vielfältig differierende Interessen treffen dabei aufeinander, so dass keine Rede davon sein kann, dass ein gemeinsamer Konsens einfach zu erreichen wäre. Um vorhandene soziale Ungleichheiten immer wieder in ein Gleichgewicht zu bringen, braucht es das Engagement von Bürger_innen welches in der Politik Gehör und Umsetzung findet. Diese soll u.a. dafür sorgen, dass anhand von verbindlichen Maßnahmen und Gesetzen, ein Zusammenleben mit M.m.p.E. und Behinderung, in der Gesellschaft ermöglicht wird.

Rückblickend auf die historische Ausgrenzung und Vernichtung von M.m.p.E. und Behinderung in Deutschland, bin ich der Ansicht, dass ein wacher Geist, die Bereitschaft Verantwortung zu übernehmen und zu handeln, unabdingbare Haltungsmerkmale für jeden Bürger_in sein sollten, um die Prozesse, welche eine demokratisch zusammenlebende Gesellschaft auszeichnen, erhalten und voranbringen zu können.

In den letzten Jahrzehnten wurden trotz oder gerade wegen der grausamen Erfahrungen der Vergangenheit Wege eingeschlagen, die Schritt für Schritt den Weg aus der Exklusion in die Inklusion ermöglichen. Aus meiner Sicht sind dies wichtige und wertvolle Schritte zum Wohle von Menschen mit psychischer Erkrankung und Behinderung, welche auch durch die soziale Arbeit unterstützt, ermöglicht und umgesetzt wird.

Literaturverzeichnis

Aktionsbündnis Seelische Gesundheit (Hrsg.). (2016). Pressemitteilung 2016. *DGPPN-Antistigma-Preis 2016: Für die Menschen - gegen Ausgrenzung.* Abgerufen von URL http://www.seelischegesundheit.net/presse/pressemitteilungen/presse-archiv-2016/739-pressemitteilung-2016-04 Aufgerufen am 03.06.16

BASTA (Hrsg.). (2006). *Das Bündnis für psychisch erkrankte Menschen ist Teil des weltweiten Programms der World Psychiatric Association (WPA). Das Programm „open the doors" richtet sich gegen Stigmatisierung und Diskriminierung psychisch erkrankter Menschen.* Abgerufen von URL http://openthedoors.de/de/ Aufgerufen am 03.06.2016

BIH Integrationsämter (Hrsg.). (2014). *ZB 2-2014 Psychische Behinderungen Arbeit ist die beste Medizin.* Abgerufen von URL https://www.integrationsaemter.de/druckversion/2014-ZB-2/518c/ Aufgerufen am 05.06.2016

BIH (Hrsg). (2016). *Rentenentwurf des Bundesministeriums für Arbeit und Soziales (BMAS).* Abgerufen von URL http://www.reha-recht.de/fileadmin/user_upload/Infothek/Politik/2016/2016_05_18_Stellungnahme_BIH_zum_BTHG.pdf Aufgerufen am 05.06.16

Borstel, D. & Tappe, C. (2014). *Schriftenreihe der Arbeitsstelle für Deradikalisierung und Demokratieentwicklung.* Dortmund: MW-Wissenschaft.

Bourdieu, P. (1982). *Die feinen Unterschiede.* Frankfurt am Main: Suhrkamp Verlag.

Bundesministerium für Gesundheit (Hrsg.). (2016). *Verbesserung in der Psychiatrie und Psychosomatik.* Abgerufen von URL http://www.bmg.bund.de/ministerium/meldungen/2016/psych-entgeltsystem-18022016.html Aufgerufen am 03.06.2016

Deutscher Bundestag (Hrsg.). (2010). *So entsteht ein Gesetzentwurf.*abgerufen von URL http://www.bundestag.de/dokumente/textarchiv/2010/29211275_kw14_gesetzentwurf/2 01480 Aufgerufen am 05.06.2016

Dietz, B. & Frevel B. & Toens K. (2015). *Sozialpolitik kompakt.* Wiesbaden: Springer Verlag, 3.Aufl.

Dörner, K. et.al. (2012). *Irren ist menschlich.* Bonn: Psychiatrie Verlag, 21.Aufl.

Dörner, K. (2014). *Helfensbedürftig.* Neumünster: Paranus Verlag der Brücke

DRV (Deutsche Rentenversicherung Bund)(Hrsg.). (2014). *Positionspapier der Deutschen Rentenversicherung zur Bedeutung psychischer Erkrankung in der Rehabilitation und bei Erwerbsminderung.* Abgerufen von URL http://www.deutsche-rentenversicherung.de/cae/servlet/contentblob/339288/publicationFile/64601/pospap_p sych_Erkrankung.pdf Aufgerufen am 22.05.2016 Nachfolgend drei zitierte Quellen aus dem Literaturverzeichnis des verwendeten DRV Positionspapier:

Forschner, G. & Schmid, R. (2015). *ZB Ratgeber, BIH Bundesarbeitsgemeinschaft der Integrationsämter und Hauptfürsorgestellen.* Münster: Universum Verlag GmbH. Abgerufen von URL file:///Users/Renate/Downloads/ZB_Ratgeber_Behinderung_und_Ausweis.pdf Aufgerufen am 05.06.2016

Götz, T. (2012). *Düsseldorfer Rechtswissenschaftliche Schriften 117.* Düsseldorf: Nomos Verlag, 1.Aufl.

Goffmann, E. (1979). *Stigma.* Frankfurt am Main: Suhrkamp Verlag, 3.Aufl. 1979

Herborth, R. (2014). *Grundzüge des Sozialrechts für die Soziale Arbeit.* Freiburg i.B.: Lambertus Verlag

Hilfen für psychisch Kranke e.v. VIADUKT (Hrsg.). (2016a). *Wohnformen.* Abgerufen von URL http://www.viadukt-gp.de/index.php/angebote/wohnheim/wohnformen

Hilfen für psychisch Kranke e.v. VIADUKT (Hrsg.). (2016b). Abgerufen von URL http://www.viadukt-gp.de/index.php/angebote/ambulant-betreutes-wohnen/wohnformen Aufgerufen am 10.6.16

Immel-Sehr, A. (2016). *PTA-Forum online.* Govi-Verlag. Abgerufen von URL http://ptaforum.pharmazeutische-zeitung.de/index.php?id=5078 Aufgerufen am 03.06.16

Jurk, C. (2014). Depression ist keine Volkskrankheit.In Brenssell, A. & Weber, K.(Hg). *Störungen*(S.151-S.167). Hamburg: Argument Verlag

Klinikum Christophsbad (Hrsg.). (2016a). *Akutkliniken.* Abgerufen von URL http://www.christophsbad.de/fa/kliniken/akutkliniken.html Aufgerufen am 10.06.2016

Klinikum Christophsbad (Hrsg.). (2016b). *Tageskliniken.* Abgerufen von URL http://www.christophsbad.de/fa/kliniken/tageskliniken.html LANDKREIS GÖPPINGEN (Hrsg.).

LANDKREIS GÖPPINGEN (Hrsg.). (2016a). *Überraschend. BESSER. Herzlich willkommen beim Bürgerservice des Landratsamtes!.* Abgerufen von URL http://www.landkreis-goeppingen.de/,Lde/start/Buergerservice/Beratungsstellen.html Aufgerufen am 10.06.2016

LANDKREIS GÖPPINGEN (Hrsg.). (2016b). *Überraschend. HILFREICH. Herzlich willkommen auf der Seite des Kreissozialamts!.* Abgerufen von URL http://www.landkreis-goeppingen.de/,Lde/start/Landratsamt/Betreutes+Wohnen+in+Familien.html Aufgerufen am 10.06.2016

LANDKREIS GÖPPINGEN (Hrsg.). (2016). *Überraschend. HILFREICH. Herzliche willkommen auf der Seite des Kreissozialamts!.* Abgerufen von URL http://www.landkreis-goeppingen.de/,Lde/start/Landratsamt/Eingliederungshilfe.html Aufgerufen am 10.06.2016

Metzler, H. (2011). Die Definition der WHO-Behinderung im Kontext der Klassifikationssysteme der WHO.In Otto, H.-U. & Tiersch, H.(Hg.). *Handbuch soziale Arbeit*(S.103-S.105). München: Ernst Reinhardt GmbH & Co KG Verlag, 4.Aufl.

Nomos Gesetze (Hrsg.). (Ausg.2015/16). *Gesetze für die Soziale Arbeit.* Baden-Baden: Nomos Verlag, 5.Aufl.

Schweizer & Schlippe. (2009). *Lehrbuch der Systemischen Therapie und Beratung II Das störungsspezifische Wissen.* Göttingen: Vandenhoeck & Ruprecht Verlag, 3 Aufl.

Spatz, J. (2011). Weltgesundheitsorganisation. Herausgegeben vom Deutschen Verein für öffentliche und private Fürsorge e.V.. *Fachlexikon der sozialen Arbeit*(S.972). Baden-Baden: Nomos Verlag 2011, 7.Aufl.

Wallet, N. (2016). Keine Einigung bei Studien an Dementen. *STUTTGARTER ZEITUNG.*4./5.Juni2016/Nr.127, o.S.

WHO(Weltgesundheitsorganisation)(Hrsg.). (2014). *Verfassung der Weltgesundheitsorganisation.* Abgerufen von URL https://www.admin.ch/opc/de/classified-compilation/19460131/201405080000/0.810.1.pdf Aufgerufen am 05.06.16